Music for Stringed Instruments

SJS-016
Vn. / Pf.

F. Kreisler
PRÄLUDIUM UND ALLEGRO
im Stile von Gaëtano Pugnani

für Violine und Klavier

F. クライスラー
プレリュードとアレグロ
ガエタノ・プニャーニ風

SCHOTT JAPAN

プレリュードとアレグロ
Präludium und Allegro

ガエタノ・プニャーニ＝クライスラー
Gaëtano Pugnani-Kreisler

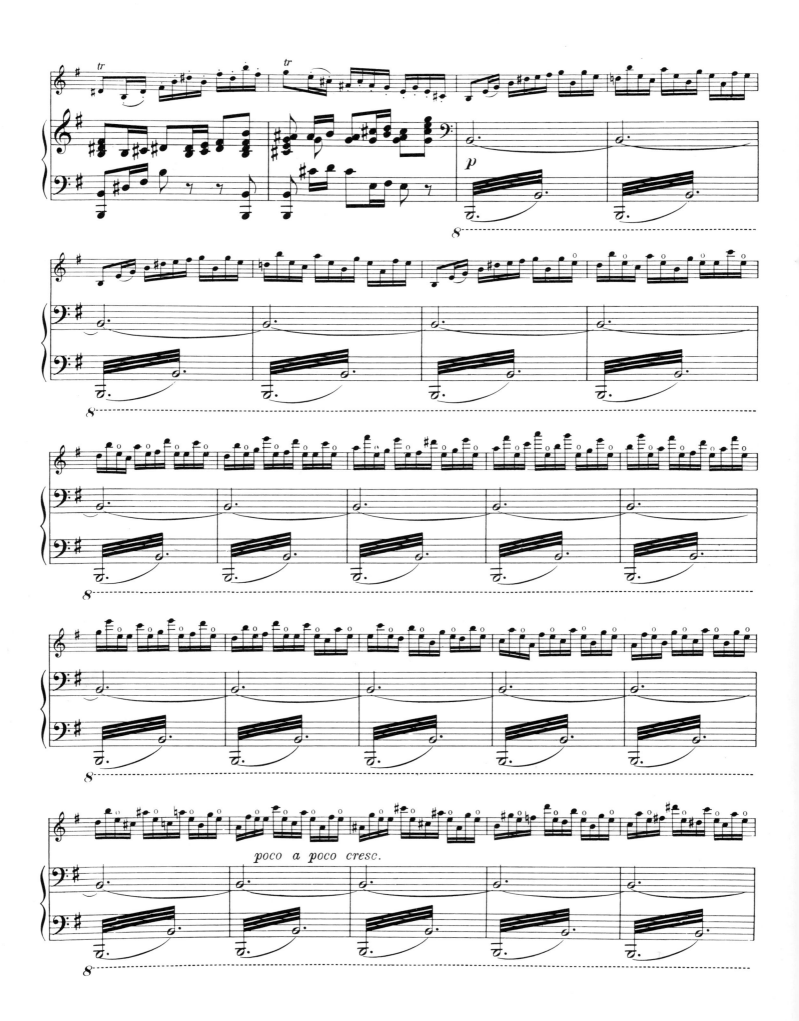